AF248243

CONSEILS

SUR LA

MANIÈRE DE SE NOURRIR

DANS LES CIRCONSTANCES PRÉSENTES

CONFÉRENCE

FAITE LE 11 NOVEMBRE 1870

PAR

M. ALFRED RICHE

Professeur agrégé à l'École supérieure de pharmacie de Paris

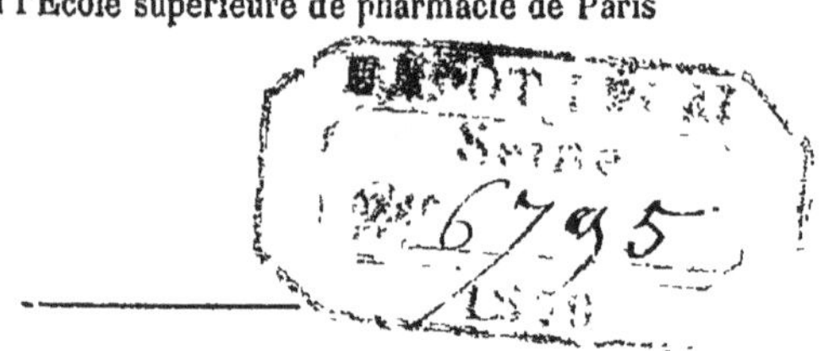

————

PARIS

LIBRAIRIE GERMER BAILLIÈRE

17, RUE DE L'ÉCOLE-DE-MÉDECINE

1870

CONSEILS

SUR LA

MANIÈRE DE SE NOURRIR

DANS LES CIRCONSTANCES PRÉSENTES

Messieurs,

C'est aujourd'hui le cinquante-cinquième jour d'investissement de Paris. Bien des personnes avaient pensé qu'il n'aurait pas résisté aussi longtemps, et cependant on peut dire que la majeure partie de la population n'a pas encore éprouvé de sérieuses privations au point de vue de la nourriture. Mais il ne faut pas s'abuser, je dirai plus, il faut savoir regarder en face la vérité : le 25 de ce mois, les bœufs et les moutons, que nous ne contemplions pas sans une certaine satisfaction dans leurs étables improvisées, auront disparu, sauf ceux que l'on réservera pour les blessés.

A cette époque bien rapprochée, comment pourrons-nous nous alimenter? Telle est la question que je me propose d'examiner avec vous ce soir.

Au dire des uns, rien n'est plus simple. Le pain, le vin, le thé et le café constituant par leur association un aliment complet, nous avons dans ces matières une nourriture assurée pour plusieurs mois. Suivant d'autres, une population de deux millions d'individus, contenant beaucoup de vieillards, de femmes et d'enfants, ne peut vivre sans sa nourriture habituelle, et pour ceux-là le jour où le bœuf et le mouton manqueront ne sera pas éloigné du jour où nous nous rendrons à l'ennemi.

Ces derniers ont parfaitement raison lorsqu'ils pensent qu'on ne peut pas changer du jour au lendemain le système d'alimentation d'une telle masse d'individus sans s'exposer à compromettre sérieusement la santé de ceux qui sont affaiblis par l'âge ou par la maladie. Mais ils ont tort lorsqu'ils supposent que nous en soyions réduits de sitôt à une pareille nécessité, et j'espère le leur démontrer. N'avons-nous pas, en effet, à notre disposition des provisions sagement amassées par l'État, par la ville de Paris et par nous-mêmes, et près de 25 000 chevaux qui ne sont pas utiles à la défense ! Or, aujourd'hui l'immense majorité des habitants de Paris s'est habituée à la viande de cheval, et la contagion de l'exemple, jointe à la nécessité, est bien près de convertir le petit nombre de ceux qui sont encore retenus par un préjugé que rien ne justifie. Ignorent-ils que l'industrie des comestibles a réalisé des merveilles grâce auxquelles le bœuf, le mouton, le cheval sont utilisés pour l'alimentation, comme le porc l'était seul jusqu'à ce jour, et qu'on tire un parti avantageux de leur tête, des extrémités de leurs membres et même de leur peau ! Ne savent-ils pas enfin qu'il existe encore dans Paris et dans la banlieue de grandes quantités de légumes qui seront remplacés successivement au moyen des repiquages et des semis qu'a faits l'industrie maraîchère !

La matière nutritive existe. Le tout est de l'employer sans modifier profondément nos habitudes, car on souffrira d'autant moins qu'on respectera mieux le régime auquel nos organes sont accommodés. Telle est, à mon sens, la question à résoudre, et elle est loin de me paraître insoluble.

De temps immémorial, l'homme a fait servir le feu à la cuisson de la chair dans l'eau pour préparer du *bouillon*, et s'il est un pays où cette habitude soit enracinée, exagérée même, c'est à coup sûr le nôtre. Cette raison suffirait à elle seule pour qu'on dût se préoccuper de faire du bouillon ; mais j'ajouterai que la science a établi que le bouillon, associé au pain, constitue un aliment complet. Cette vérité a été démontrée par de nombreuses expériences faites par un grand physiologiste, W. Edwards, sur le chien, c'est-à-dire sur un des animaux qui se rapprochent le plus de l'homme par son mode d'alimentation. Chacun de nous, d'ailleurs, a pu constater par lui-même que ce liquide chaud excite l'appétit, facilite la digestion, et amène à manger une grande quantité de pain. L'incertitude ne peut donc pas exister : le bouillon et le pain réunis ont le double avantage de former une nourriture à laquelle nos organes sont accoutumés, et qui est capable à elle seule de développer le corps et d'entretenir la santé. Si j'insiste sur ce point, c'est qu'on a dit dernièrement que le bouillon, la soupe n'étaient qu'une préface du dîner ; comme beaucoup de personnes, surtout dans les circonstances présentes, sont obligées de se contenter presque exclusivement de cette préface, je tenais à bien établir qu'elle était la base d'une alimentation suffisante.

Par suite, je n'hésite pas à dire que c'est à cet usage qu'il faut réserver autant que possible la chair des trois cents chevaux que l'administration fait abattre chaque jour, et dont le nombre sera probablement augmenté lorsque le bœuf et le mouton manqueront. Seulement, il faut modifier la manière dont nous préparons le bouillon, et n'employer que le *quart* de la viande que nous consommons en temps ordinaire pour l'obtenir.

La *force* du bouillon, pour me servir du terme admis, c'est-à-dire sa viscosité, n'est pas sensiblement amoindrie si l'on ajoute à une petite quantité de viande une proportion notable d'os, et que l'on maintienne l'action du feu plus longtemps que de coutume.

L'administration du Ministère de l'agriculture s'est vivement, et depuis quelque temps déjà, préoccupée d'atteindre ce but pour l'alimentation des personnes pauvres. Elle fait recueillir dans les boucheries tous les os, trier ceux qui sont encore recouverts de chair, et elle les envoie à divers établissements hospitaliers. Une certaine quantité restant libre, elle s'est adressée à quelques industriels, qui se sont empressés de satisfaire son désir, et qui débitent chaque jour gratuitement, à la porte de leurs établissements, 500 litres au moins de bouillon dans lequel ils mettent à leurs frais des aromates et des légumes en quantité convenable pour faire un excellent produit, comme je m'en suis assuré plusieurs fois (1).

Si cette pratique se généralisait, ce serait un grand bienfait, mais il en résulterait tout de suite — et je le désire vivement — que les os *rouges* des boucheries seraient insuffisants. Pouvons-nous les remplacer, et par quoi ? Oui, par le principe le plus abondant du bouillon, par la *gélatine*.

Ce nom éveille probablement dans l'esprit de plusieurs d'entre vous le souvenir des nombreuses discussions auxquelles la question de la gélatine alimentaire a donné lieu pendant la première moitié de ce siècle, et je vous demande la permission de vous en esquisser les points principaux.

A la fin du xviie siècle, Papin apprit à retirer des os, au moyen d'un appareil de son invention, nommé encore aujourd'hui la marmite de Papin, une substance qui, dissoute dans l'eau bouillante, se prend en gelée par le refroidissement et qui doit son nom à cette curieuse propriété. Vers la fin du siècle dernier, divers savants, Geoffroy, l'abbé Changeux, d'Arcet père, Proust, préoccupés du sort des classes pauvres, reprirent l'étude de cette substance en vue de la faire servir à l'alimentation. Il résulta de leurs travaux que les os, réduits en poudre, donnaient par leur contact prolongé avec l'eau bouillante une grande quantité de gélatine, et Proust proposa de la conserver en pastilles qui, tout à fait inaltérables à l'air, étaient susceptibles d'être portées d'un bout du monde à l'autre, puis de se dissoudre dans l'eau.

Cette idée parfaitement juste devint le point de départ d'exagérations ridicules. Le bouillon d'os était, au dire de certaines personnes s'occupant de science, comparable, préférable même au bouillon de viande, et l'une d'elles, après

(1) Je leur demande pardon de les citer de ma propre autorité, mais il est indispensable, pour qu'ils fassent le plus de bien possible, que leur demeure soit connue. Ce sont M. Dordron, rue Saint-Lambert, 7; M. Brigonnet, rue du Château-des-Rentiers, 105; M. Bonneville, route d'Italie, 95 ; M. Léon Thomas, usine de Javel; M. Duchêne, rue des Cordelières, 23.

avoir servi ce bouillon à ses invités, faisait remplacer sur la table la soupière par un bol contenant les quelques os en poudre qui avaient produit ce bouillon. Ces hyperboles eurent le résultat qu'elles ont toujours : loin de détruire l'opinion opposée, elles la fortifièrent, et amenèrent des exagérations inverses, par suite desquelles on refusait à la gélatine toute propriété nutritive. La question fit beaucoup de bruit dans les premières années de ce siècle, on chansonna la gélatine, et le quatrain suivant n'est pas encore tombé dans l'oubli :

> L'inventeur de la gélatine,
> A la chair préférant les os,
> Veut désormais que chacun dîne
> Avec un jeu de dominos.

Le monde savant n'abandonna pas la question, et elle a été complétement élucidée à la suite des travaux de d'Arcet fils, de W. Edwards et d'une commission de l'Académie, dont M. Dumas, alors très-jeune, fut un des membres les plus actifs.

D'Arcet préparait la gélatine en grand, soit en chauffant les os sous une pression très-peu supérieure à celle de l'atmosphère et correspondant à une température de 106 degrés, soit en enlevant aux os leur matière minérale par l'action de l'eau acidulée par l'acide chlorhydrique.

On établit le 9 octobre 1829, sous sa direction, une marmite de Papin à l'hôpital Saint-Louis, et cet appareil y fonctionna pendant onze ans à la satisfaction générale.

Près de cent mille malades, indigents ou gens de service, y furent nourris avec des aliments animalisés par la gélatine. L'administration des hôpitaux ne se prêta pas à ces essais dans le but de faire des économies aux dépens des malades, mais dans celui d'améliorer la nourriture des convalescents, car si l'on substituait la gélatine aux trois quarts de la viande servant à faire le bouillon, on disposait de cette viande pour préparer du rôti.

Il y eut en activité, pendant plusieurs années, des appareils semblables à Lille, à Lyon, à Rouen, à Metz, à Reims et dans plusieurs villes de Hollande et d'Allemagne, et voici ce que

François Arago disait à l'Académie, à son retour d'un voyage à Metz, le 24 décembre 1838 :

« Le bouillon de gélatine animalisé est en usage à l'hospice de Saint-Nicolas de Metz depuis plus de quatre ans. Depuis quatre ans, d'après le témoignage unanime des honorables administrateurs de cet établissement, l'état sanitaire des cinq cents individus qu'il renferme a reçu la plus évidente amélioration. L'augmentation de dépense s'est trouvée plus que compensée par la moindre dépense afférente à l'infirmerie... Sauf deux ou trois exceptions appartenant à la section des vieilles femmes, partout on s'est félicité du nouveau régime ; partout on l'a déclaré très-supérieur à l'ancien sous le rapport de l'agrément et de la salubrité ; partout on a exprimé la crainte qu'il fût abandonné... Des circonstances particulières, totalement indépendantes de la valeur que peut avoir le procédé de M. d'Arcet, en ont seules amené la suspension momentanée. Les employés se trouvaient très-bien de l'emploi du bouillon de gélatine animalisé : ils seraient heureux de le voir rétablir. »

Citons encore le fait suivant : « Après les journées de juillet 1830, la population ouvrière de la ville de Reims, qui s'élève à près de dix-huit mille individus sur une population totale de trente-six mille âmes, se trouvait, par suite des faillites et de la fermeture de presque tous les ateliers, dans une position de misère et d'inactivité qui donnait de grandes inquiétudes. M. Commesny était alors administrateur du bureau de bienfaisance. Il proposa à ses collègues de créer un établissement de potages à la gélatine dans un bâtiment qui appartenait à la ville. Le conseil municipal et l'autorité supérieure accueillirent la proposition. L'urgence était extrême ; et, grâce à l'incroyable activité de M. Commesny et de ses connaissances profondes en chimie appliquée aux arts, tout fut organisé en moins d'un mois. La machine marcha régulièrement de cent trente-cinq jours à cent quarante jours consécutifs dans toute la période de la crise. Le succès obtenu couronna ses efforts et surpassa toutes les attentes.

» Il avait mis tous ses soins à faire préparer les mets de la manière la plus salubre et la plus agréable ; aussi toutes les préventions disparurent dès qu'on en eut goûté. Les distributions se faisaient avec la plus grande régularité. Elles consistaient en potage de demi-litre avec 3 onces de pain ; en ragoût de légumes accommodés au gras avec la graisse obtenue des os, la portion pesant 14 onces ; et trois fois la semaine on donnait la part de viande qui avait servi, concurremment avec la gélatine, à confectionner le bouillon. Ce qu'il y a de certain, c'est que la saveur des potages et des ragoûts de légumes était excellente et toujours la même, et qu'aucune plainte ne s'est élevée dans la population nombreuse qui recevait ces secours. »

Qui n'est frappé, en lisant ces lignes, écrites par W. Edwards, de l'analogie de notre position avec celle des habitants de Reims ? On les a nourris près de cent quarante jours *consécutifs* avec un plein succès sans aucune plainte. L'avantage est tout de notre côté : les appareils existent, les os sont en abondance, et la préparation du bouillon, grâce à l'activité de M. Demongeot, ingénieur des mines, directeur du service compétent, et des fabricants de gélatine cités plus haut, pourrait commencer demain dans les ménages, dans les maisons hospitalières, dans les cantines municipales, dans les établissements de bouillon. 10 à 15 grammes de gélatine représentent la dose convenable par litre de bouillon. Or, il y a dans Paris une grande quantité de gélatine fabriquée, un stock d'os immense; et l'abatage des chevaux met chaque jour à la disposition de l'administration 18 000 à 20 000 kilogrammes d'os. Ces os bouillis sont réunis par elle dans un local spécial, et distribués aux fabricants qui les traitent par les deux méthodes indiquées plus haut ; de telle sorte que la gélatine ne nous manquera pas avant que le pain ne nous manque. Ajoutons enfin que la gélatine existe dans l'os cuit lorsqu'il est rejeté des cuisines.

Mais, objectera-t-on, pourquoi les hôpitaux ont-ils cessé de fabriquer du bouillon à la gélatine ? Cela tient à diverses raisons indépendantes de sa valeur. Plusieurs insuccès ont été constatés dans divers établissements, et notamment à l'Hôtel-Dieu de Paris et dans un hospice d'Amiens. Or, quand on a fait des enquêtes sur ces faits, on a vu, comme me le disait M. Dumas à propos de l'hospice d'Amiens, que la négligence ou même la malhonnêteté en étaient la cause. Ou bien, la solution gélatineuse, très-putrescible de sa nature, n'était employée que tardivement, c'est-à-dire lorsqu'elle avait subi un commencement de décomposition ; ou bien, le chauffeur épuisait incomplétement les os par paresse ou pour vendre le charbon et les os ; ou enfin, on économisait les légumes et les aromates qui sont indispensables pour relever le bouillon, car la gélatine est absolument sans odeur et sans saveur.

Examinons maintenant ce que l'expérience scientifique rigoureuse a établi sur la valeur de la gélatine au point de vue alimentaire, et posons la question dans son extrême simplicité : la gélatine est-elle nutritive ? L'Académie a répondu : *non*; les travaux isolés des savants ont répondu : *non*. Le fait est donc vrai, mais il faut s'expliquer. Le principe de la chair, qui représente la presque totalité de son poids, la fibrine, est-il nutritif ? *Non*. Le principe de l'œuf, l'albumine, est-il nutritif ? *Non*. Le principe du fromage, le caséum, est-il nutritif ? *Pas davantage*. Et cependant, la chair, l'œuf, le fromage, sont extrêmement nutritifs. Il y a pour la gélatine un fait identique. Seule elle n'est pas nutritive, elle le devient par son association ; et ne croyez pas que je juge par induction, je ne dis que ce qui est démontré par l'expérience. W. Edwards conclut ainsi son travail, et ces résultats n'ont pas été révoqués en doute :

1° Le régime de pain et de gélatine est nutritif et insuffisant pour les chiens.

2° La gélatine associée au pain a une part *effective* dans les qualités nutritives de ce régime.

3° Une addition de bouillon en petite proportion au régime de pain et de gélatine le rend susceptible de fournir une nutrition complète, c'est-à-dire d'entretenir la santé et de développer le corps.

M. Dumas rappelait dernièrement les conclusions de la Commission de la gélatine, qui sont inscrites dans les *Comptes rendus de l'Académie*, tome XIII, et il en résulte que l'on doit, dans une fabrication rationnelle, faire un choix dans les os.

Les os fournissent quatre sortes de produits ainsi rangés dans l'ordre utile comme aliments :

1° Parenchyme des pieds de mouton, isolé par les acides, contenant le plus de tissu insoluble et pouvant nourrir pendant un mois sans répugnance les animaux soumis à l'expérience.

2°. Parenchyme des têtes de bœuf ou de mouton contenant surtout des matières animales solubles ; les animaux s'en dégoûtent au bout de cinq ou six jours.

3° Gélatine récente et inaltérée ; les animaux s'en dégoûtent bientôt lorsqu'elle est mise seule à leur disposition, mais elle peut être utilisée à l'état de mélange avec d'autres aliments.

4° Dissolutions gélatineuses altérées, même légèrement ; elles excitent la répugnance des animaux et ne peuvent pas être employées même à l'état de mélange avec d'autres aliments.

Ainsi, l'accord est parfait entre la pratique de onze années organisée par d'Arcet et l'expérience scientifique. M. Chevreul, M. Payen, M. Fremy, sont venus sanctionner récemment (1) les assertions de la Commission de la gélatine. Devant des témoignages aussi remarquables par l'autorité de ceux qui les émettaient que par leur unanimité, le service administratif, cité plus haut, qui s'était mis à l'œuvre, de son initiative propre, avant les publications de ces savants, a redoublé d'activité. Les os de pieds de mouton seront traités à part, et je m'occupe de rechercher si, dans le cheval, il n'y aurait pas certains os qui seraient susceptibles de fournir un parenchyme plus riche en tissu insoluble et plus nutritif.

M. Dumas a conseillé, une fois ce parenchyme isolé, de le dessécher pour le livrer à la consommation si l'on n'en a pas un besoin immédiat, ou bien de le plonger dans un bain de gélatine fondue qui, le recouvrant ainsi de toutes parts, le mettrait à l'abri de l'altération.

En résumé, un bouillon préparé avec le quart du poids de viande employé d'habitude, et contenant en outre 10 grammes environ de gélatine par litre, et les principes sapides et odorants des légumes et des aromates, peut remplacer le bouillon ordinaire. Il suffirait d'ajouter la gélatine quelque temps avant de le retirer du feu.

Si, à certains jours, la viande venait à manquer, on aurait

(1) *Comptes rendus*, t. LXXI, p. 559, 31 octobre 1870.

un bon bouillon en faisant cuire dans l'eau les légumes ordinaires, auxquels on ajouterait de la gélatine, un corps gras et ces extraits de viande Liebig, trop peu goûtés dans nôtre pays, qui fourniraient les principes sapides et odorants existant dans le bouillon de viande.

Beaucoup de personnes font du bouillon seulement avec des légumes, un corps gras, de l'extrait de viande et les épices ordinaires.

L'extrait de viande suffit même pour donner un liquide qui a de l'analogie par son goût avec le bouillon à la viande. Je me suis assuré que ces extraits existent encore en quantité notable à Paris. Le dépositaire de la Compagnie Benitès de la Plata, M. Dubrac, cédant cette substance en gros à 15 francs le kilogramme, le litre de bouillon contenant 10 grammes d'extrait revient à 25 centimes, ou à 35 centimes si cet extrait a été acheté au détail à 22 francs le kilogramme.

Enfin, le tapioka Boudier et les différentes préparations faites par ses imitateurs sont formés par du tapioka ou des pâtes analogues enrobés dans de l'extrait de viande. Cuites à l'eau, elles fournissent de bons potages.

Le parenchyme des os, appelé du nom d'*osséine*, qui résulte du traitement des os à l'eau acidulée par l'acide chlorhydrique, et qui, fondu dans l'eau bouillante, fournit la *gélatine*, peut, d'après M. Fremy, fournir plusieurs sortes de mets analogues à des mets ordinairement consommés aujourd'hui. Voici, d'après ce savant, la manière d'opérer :

On place ce parenchyme dans de l'eau froide avec du sel. Lorsque, au bout de huit à douze heures, il est fortement gonflé, on le fait bouillir, jusqu'à ce qu'il cède sous la dent, avec de l'eau salée et aromatisée comme à l'ordinaire. L'eau qui baigne cette substance cuite est très-gélatineuse et peut être changée en bouillon par les méthodes indiquées plus haut. « Quant à l'osséine cuite qui est restée insoluble, elle possède, dit M. Fremy, une saveur agréable et peut recevoir facilement tous les assaisonnements culinaires (1).

---

(1) M. Bignon et M. Terreil avaient bien voulu m'envoyer pour cette

On ne peut pas se prononcer aujourd'hui sur la valeur nutritive de l'osséine, parce qu'il n'y a pas eu d'expériences rigoureuses ou même suivies pendant quelque temps sur l'homme avec cette matière. Cependant, M. Terreil en a mangé tous les jours à son déjeuner depuis une huitaine, et il annonce l'avoir prise avec plaisir, et n'avoir jamais éprouvé le moindre accident gastrique. Le goût de l'osséine assaisonnée comme les pieds de mouton à la vinaigrette est tout à fait semblable à celui de ce mets, qui est assez recherché à Paris.

Pour préparer un bouillon convenable avec la gélatine et des légumes, ou pour obtenir ces aliments à l'osséine, il faut, avons-nous dit, la présence d'un corps gras. En temps ordinaire, ce serait le beurre, la graisse de rognon de bœuf, ou même le saindoux. Ces substances manquant en ce moment ou ayant atteint un prix excessif, nous serions fort embarrassés si un industriel très-habile, M. Dordron, n'était pas arrivé par l'emploi d'agents tout à fait sans danger pour l'économie, et qui, d'ailleurs, ne restent pas dans la graisse, à fabriquer avec le suif le plus commun une graisse alimentaire qui rivalise avec celle du rognon de bœuf. Cette matière, très-répandue en ce moment, souvent falsifiée du reste, est vendue sous le nom de *beurre de Paris*. C'est elle qui a permis à cet industriel de préparer du boudin avec le sang du bœuf, et c'est là un vrai service rendu, non-seulement à l'alimentation, mais encore à l'hygiène, parce que ce sang, qui n'était plus recueilli comme autrefois pour les raffineries de sucre, se coagulait dans les égouts et s'y putréfiait. On savait parfaitement que ce sang pouvait servir comme celui du porc à la fabrication du boudin, mais il fallait remplacer aussi la panne du porc, et même le boyau retiré de cet animal. Il est juste d'ajouter que cette graisse est inférieure pour cet usage à la panne de porc, parce que, n'étant pas ren-

conférence divers mets à l'osséine, et notamment deux préparations imitant parfaitement le gras-double et les pieds de mouton à la vinaigrette. Ces produits ont été jugés très-bons au goût. On peut se procurer de l'osséine à un prix peu élevé, 1 franc le kilogramme.

fermée dans des utricules, elle s'écoule au moment du grillage, et le boudin est toujours sec. D'autres fabricants ont évité cet inconvénient en introduisant dans le boudin les filaments graisseux eux-mêmes; mais, outre que cette graisse exhale l'odeur du suif, elle n'est pas cuite, et le boudin, aliment qui est déjà par lui-même d'une digestion difficile, devient fatigant pour l'estomac.

M. Dordron, poursuivant cette voie jusqu'aux limites les plus éloignées, est arrivé à fabriquer des produits de toute sorte qui imitent par leur forme et même par leur goût les si nombreuses préparations auxquelles la chair de porc a donné naissance. Parmi elles, je ne citerai que des terrines où le foie est associé au riz et même au sang de mouton, et qui, cuites au four, sont, surtout pour celles où le sang a été remplacé par d'autres abats, d'une conservation possible pendant quinze jours ou trois semaines.

Si ce corps gras manquait pendant la nouvelle période du siége où nous allons entrer, la graisse de cheval pourrait la remplacer, et quelques personnes même la préfèrent à celles du bœuf et surtout du mouton, parce qu'elle se fige moins facilement et qu'elle est douée d'une odeur faible, rappelant celle de la graisse de l'oie. Elle a l'inconvénient d'être trop liquide. On y remédiera en jetant cette matière sur un papier à filtre ou sur une toile serrée ; il passera une huile liquide, et il restera sur le filtre une graisse solide : l'une et l'autre pourront être consacrées à des usages spéciaux.

L'administration a en réserve des viandes salées et préparées, et elle a déployé une grande activité depuis l'investissement pour accroître cette proportion.

M. Cornillier, à Grenelle, M. Wilson, à la Villette, ont salé du bœuf et du cheval.

Pour désaler cette viande, le mieux est de la placer pendant quelques heures dans un courant d'eau. Si l'on ne dispose pas d'eau courante, on la maintiendra dans un seau ou dans une terrine pleine d'eau froide pendant six à huit heures, en ayant soin de changer l'eau une ou deux fois. On pourrait encore, si le temps manquait, mettre la viande dans l'eau froide, porter l'eau à l'ébullition et jeter cette première eau.

M. Gorges a conservé du bœuf et du mouton par un procédé qui a pour base l'emploi de l'acide sulfureux, cet agent antiseptique si justement utilisé déjà dans l'industrie.

Avant de faire cuire cette viande, on la suspendra à l'air pendant quelques heures, et on la tiendra ensuite dans de l'eau froide une heure environ.

Quant à la viande conservée par le procédé Appert ou les autres procédés analogues, elle n'exige aucune préparation spéciale. Il en est de même des viandes de bœuf et de cheval fumées que l'industrie particulière a fabriquées en assez grande quantité depuis l'investissement.

1 200 000 kilogrammes représentent un travail immense, mais qu'est-ce que 1 200 000 kilogrammes de viande pour 2 millions d'individus ? Il est juste d'ajouter que les viandes salées de bœuf et de mouton prennent à la salure l'aspect et même les autres caractères du jambon, qu'il serait difficile de les manger rôties, et que le mieux est de les associer en petite quantité à une forte proportion de riz ou d'autres aliments végétaux.

Nous sommes loin, vous le voyez, d'être réduits à ce régime sommaire du pain, du vin, du thé et du café, et nous ne serons jamais forcés d'y recourir, grâce aux produits que je viens de signaler : à la chair du cheval, aux divers légumes frais ou conservés, et à beaucoup d'autres matières alimentaires, jambons, poissons, volailles, œufs, fromages, confitures, qui sont dans les magasins de l'État ou dans les maisons particulières. Mais tout le monde n'a pas pu faire des provisions, tout le monde ne peut pas acheter ces divers produits. La misère est grande, et elle croît chaque jour. C'est pourquoi il est du devoir de celui qui possède de donner son superflu, de toucher même à ce qu'il considérait comme nécessaire avant les tristes circonstances que nous traversons. Je vais plus loin : il ne suffit pas de donner, il faut économiser ses propres provisions dans l'intérêt de tous, et je considère comme une obligation pour l'homme et la femme, bien portants, de supprimer de leur table le *rôti* qui consomme une grande quantité de viande et n'invite pas à manger du pain, et de le remplacer par une proportion moindre de viande bouillie, ou cuite avec du riz, avec des pommes de terre ou avec des légumes soit frais, soit conservés. Ils auront sous cette forme un aliment réparateur, car les matières végétales, associées à la graisse, renferment les trois principes nécessaires à l'homme, les principes féculents, gras et albumineux. La portion du pauvre, du convalescent, de l'enfant, du vieillard, en deviendra plus forte, et, s'il était nécessaire d'attendrir vos cœurs, je vous dirais, en terminant, qu'il est à ma connaissance que des vieillards, réunis dans une maison hospitalière, n'ont eu pendant quelques jours que de l'eau, du pain et un peu de riz, et qu'ils ne sont guère mieux partagés aujourd'hui.

Paris. — Imprimerie de E. MARTINET, rue Mignon, 2. — [109]